모람을 보며

심의표 시집

들꽃시선 85

모람을 보며

심의표 시집

| 자서 |

앞에서 선보인 네 권의 시집에서 이미 언급 했거니와 첨단 정보화 시대를 살아가는 현대인들은 물질적 풍요는 누리며 살고 있지만 반면에 정신적으로는 정서가 극도로 메말라가고 있어 사회는 각박하고 일각에서는 소외감마저 느끼면서 살아가야 하는 게 오늘의 현실이다.

또한 인명경시 풍조마저 일어나고 있어 심각하고 안타까운 사회 현실을 눈여겨보면서 삶의 현장에서 보고 겪고 느낀 체험과 자연에 순응하며 소박하고 순수하게 살아가는 생물들의 진지한 삶의 모습을 시로 형상화하여 독자들이 쉽게 접할 수 있는 기회를 제공함으로써 정서순화는 물론, 심미적 사고를 도모하고 생명의 존엄성을 강조하면서 순수 서정시와 풍물시 그리고 기행시를 곁들여 네 권의 시집을 펴낸 바 있었다.

이번에 새로 펴내고자하는 제5시집 『모람을 보며』도 앞에서 선보인 네 권 시집의 범주에서 크게 벗어나지는 않지만 하나의 작은 미생물에 이르기까지도 아끼고 사랑하고 존중해야 할 생명체임을 역설하고 자연 환경의 보존을 강조하는 차원에서 생태시를 곁들여서 한 권의 시집으로 엮어 보았다. 나름대로는 힘을 다해 다듬고 정리해서 엮어 보았지만 독자 여러분의 냉엄한 평가와 사랑 기다려진다.

끝으로 공사간 바쁘심에도 불고하시고 작품을 읽어주시고 평설까지 붙여주신 송용구 교수님께 깊이 감사드리며 시를 비롯하여 문학을 사랑하고 아끼시는 여러분께 심심한 감사의 말씀 드려마지않는다.

2007년 2월에

저자 심 의 표

차례

묶음 둘 : 풀꽃 연가

묶음 셋 : 꿈을 조리하며 산다

묶음 넷 : 못 잊을 그리움

묶음 다섯 : 수직으로 떠나 가련다

묶음 여섯 : 한라산을 오르며

묶음 하나

새봄을 맞으며

봄비를 맞으며

부슬부슬 가랑비 내리는 일요일
나른한 아침 한나절
촉촉한 바람 하나
들뜬 가슴 적시는 일이다.

바람 동반한 빗줄기
창문 두드리며
찌뿌둣한 육신 휘어 감고
해묵은 흔적 씻어 내린다.

힘찬 발돋움
미래의 푸른 세계 향해
일제히 숨 고르며
고개 들어 꽃눈 열어 간다.

봄맞이 풍경

봄을 딛고 달려온 두견화
일편단심 화심 열고
뻐꾸기울음 나른한 뒷동산

파란 꿈자락
꾸역꾸역
산등성 기어오르고 있다.

가파른 계곡 흐르는 실개천
도란도란
대천의 꿈 키워가는 한낮

크고 작은 생명들
겨우내 찌든 삶 씻으며
봄빛 안고 희망의 싹 틔운다.

봄바람 맞다

남녘소식 안고 달려온 나그네
산비탈 스치고
넓다란 해면 간지르며

좀 빠르게 그리고 느리게
봄을 재촉하고
푸른 꿈 펼치며 떠난 이른 봄

붉게 타오르는 화심처럼
향기 얼비친 고운 얼굴 맞으며

치근거림으로 추적추적
가슴팍 파고드는 얄미운 봄바람

고만이 풀꽃

뿌리와 줄기 서로 끌어안고
뒤얽혀 군생하는 1년초
두세 자 키에 모난 줄기

갈고리꼴 가시 달았어도
창 모양 삼각형
호생의 잎 청초하구나.

가지 끝에 하얀 꽃
연분홍빛 고운 얼굴
10여 송이 둥글게 피워
두상화서 이루고

다섯 장 꽃받침
3개 암술대로 수과 열매 맺어
번창 꿈꾸며

많은 미생물

어패류 파충류 서식처 제공하고
성장발육 도모하는 값진 생명체.

*고만이풀꽃: 일명 '고마리' 줄꽃.

울 밖의 맨드라미

울 밖 좁다란 공한지 틈새
비집고 앉아
스스로 열어가는 생명 하나

실팍한 줄기 곧게 세워
호생의 잎
난상 난형으로 피우고

편편한 줄기 끝에
계관처럼 5장의 화피
곱게 달고 서서

이삭화서의 진분홍꽃
탐스럽게 피워
칠팔월 무더위 식혀주며

온 몸 붉게 태워
넉넉한 화심 열고

길손의 눈길 놓아주질 않는구나.

4월 어느 날

어젯밤 내린 빗줄기
겨우내 찌든 삶 하나하나
헹구어내고 있었다.

푸나무들 혈관 가득
엽록소
뽑아 올리기 분주하고

맑고 고운 청자빛 하늘만큼
아름답고
싱그러운 이파리들

어린 손자들 진솔한 숨결
빛 고운
환한 웃음 같아라.

모람을 보며

사계절 활기찬 덩굴성 상록수
양지바른 남녘의 산기슭
어디에나 자리잡고 살아가지만

긴 타원형 가죽질 호생의 잎
표면의 진녹색 광택 나고

뒷면은 하얀색 간직하며
가장자리 밋밋해도
그물맥 뚜렷이 솟아 있구나.

꽃은 암수 딴그루 꽃자루 없어도
멋스러운 자태로 피고

자홍색 둥근 열매 맺어
눈 덮인 한 겨울 송죽 같은 의기
굽힘 없는 선비정신으로 산다.

새봄을 맞으며

부슬부슬 새싹 돋아나는 소리
선잠에서 깨어난
영춘화 고운 자태

산기슭 바위 난간 넘어
파란치마폭 감싸 안은 겹동백 꽃잎
매서운 꽃샘추위 내몰고

달려온 남녘의 귀빈
움트는 생명의 소리 배회하며
새벽길 열어가고

기다리던 은혜의 숨결
아직은 풀리지 않은 가슴 안고
여린 꽃대 매만지고 있다.

봄비 내리는 소리

계속되는 꽃샘추위
몸서리치는 힘겨움 이겨내고
찾아온 고운 님 소식

목마른 푸나무들
미래의 꿈 흠뻑 적시며
잃었던 넋 되찾고

울려 퍼지는 풍요의 축가
개구리 합창 은은한 이 밤
그리움은 활짝 피어나고

어떤 각성

영원히 간직해야할 순수 자연
공생의 고귀한 생명들

이기의 난개발 물살에 밀려
하나 둘 멀리 떠나고 있다.

허울 좋은 문명의 근대화
인간의 편의주의적 발상

미래 망각한 우월감과 오만함
되돌아오는 건 재앙뿐인데

봄의 사색

화사한 햇살 안고
개나리 홍매화 두란 철쭉
망울망울 꽃눈 틔워가고

봄기운 리듬 맞추어
향기 한껏 뿜어 올리며
꽃대 흔들고

한들한들 환한 웃음
희망의 생기 가득 담아
생명의 봄 열어가고 있다.

밤비를 맞으며

연일 퍼 붓는 빗줄기
자정 넘고 새벽녘 다가와도
그칠 줄 모르고 주룩주룩

길가에 늘어선 희미한 가로등
서러운 잿빛처럼
맺힌 눈물 씻어 내리고

마음 젖어 오지 않아도
언뜻언뜻 눈시울이 뜨겁다.

밤새 펼치는 군무群舞로
파란 잎 홍겨워 너울너울 춤추며
조용히 내일을 조율하고 있구나.

생성의 삶을 위하여

지워지지 않는 지우개처럼
되살아날 흔적 부둥켜안고
달리는 긴긴 여로

가파른 50령, 60령 넘고
끝없이 넓은 바다 헤치며
거친 파도 건너서

반질하게 살아온 세월
추락의 신음소리 아니었지만

밝아오는 아침 햇살 맞아
활기찬 비상의 날개 다시 펼치고

미래의 사념 한 장 한 장
열어가는
알찬 생성의 삶이고 싶다.

산딸기 연가

우리 땅 어디에서나 숨결 나누며
함께 살아온 낙엽관목
옆으로 비스듬히 줄기 뻗고

거세고 사나운 삼각형 호생의 홑잎
혹은 겹잎으로 치마 두르고

정갈하게 하얀꽃 가지 끝에 피워
여름 한 철 산방화서 이루며
산기슭 곱게 수 놓고

젊고 지순한 여인의 입술처럼
붉은 핵과의 작은 열매 맺지만
줄기에 가시 밀생하며 자신을 지킨다.

개암나무

산기슭 어디에서나 자리 잡고
활착하는 낙엽 관목 3종 식물

들쭉날쭉한 타원형 잎새
밑 부분 심장형 이루고

불규칙한 가장자리
뒷면은 모직 같은 잔털 달고

암수꽃 같은 그루에서 피워도
수꽃은 전년의 가지에 매달리고

난형의 암꽃이삭 10여개 암술대로
견과의 구형 열매 맺어
갈색으로 익어가고

잎처럼 자라난 두 개의 총포
씨앗 감싸며

고소한 맛으로 사랑 열어간다.

겨울나무 · 5

초록 잎새 떠난 그 자리
가지마다
육화六花 만발 하였구나.

긴 여로에 지친
바람 한 자락 걸터앉아
속삭이는 한 마디에도 귀 열고

송이송이 떠도는 형상
온 산야 뒤덮고
개벽 같은 세상 일구어가며

미래의 여운 안고
육중한 무게 짊어진 채
파란 눈빛 깜박거리고 있다.

육화六花 : 일명 눈(雪)을 말함.

■ 묶음 둘 ■

풀꽃 연가

서울 민들레

발끝에 채일 돌부리 하나도
사랑 가꾸어갈
한 치 여유로움도 없는데

어디에 누워 누구와 함께
깊은 정
속삭이란 말이냐

좁다란 콘크리트 틈새
비집고 앉아
토해내는 외마디 울음소리

자목련 피는데

떠나간 임 그리워서
밤새껏
뒤척이다 피멍든 가슴처럼

자줏빛 그리움 안고
새벽 공기 가르며
송이송이 피워내는 웃음들

아침 햇살로 꽃술 말리고
온 몸 흔들어
은은한 향기 풀어내며

기다림으로 지친 가슴
임 찾아 헤매는 칭얼거림
진분홍 화심이어라.

장미 타령

눈부신 햇살 안고
아픈 계절 딛고 서서
살며시 가슴 여는 정열의 화심
수줍음 잊고
끝없는 사랑 키워간다.

시샘하는 비바람
야속함도 잊는 채
어찌할 수 없는 그리움
바알간 속살에 묻어 두고
끈끈한 정 하나로 한 생을 산다.

두란은 피는데

부옇게 떠오르는 보름달
창문 넘어들어
방안 가득 드러누운 깊은 밤

먼 산골짜기
타고 내려오는 소쩍새 울음
적막감 젖어오는데

살며시 고개 내밀어
고요 깨고
머금은 하얀 미소

동 트는 이른 새벽
어둠 가르고
가까이 다가오고 있었다.

*두란: 목련의 또다른 이름.

쇠비름 풀꽃

질퍽한 습지, 타는 듯한 마른땅
가리지 않고
적갈색 줄기 바닥 기어가듯 길게 뻗어
하얀 실뿌리 내리고

다육질 호생의 잎 윤생하며
짧은 꽃자루
가지 끝에 아름다운 꽃송이 달았구나.

다섯 장 노란 꽃잎
두 장의 꽃받침
개과蓋果의 타원형 씨앗 맺지만

마디마디 잘라 돌무덤에 버려도
삶을 포기하지 않는 끈질긴 생명력
우리의 연약한 삶 깨워준다.

사랑의 동자꽃

3척 동자처럼 곧게 선 줄기
산기슭 자리잡고 살아가는 다년초
긴 난형 대생의 잎
마디마디 뚜렷하고

잎자루 없어도
줄기 끝이나 잎겨드랑이마다
주황색 꽃 한 송이씩
취산화서 이루었구나.

곤봉 모양 다섯 갈래의 꽃받침
다섯 장 꽃잎
납작한 듯 벌어지고
보는 이의 사랑 함빡 받는 동자꽃

할미꽃 · 3

양지 바른 무덤가 앉아
외로운 넋 달래며
떠날 줄 모르는 다년초 할미꽃

붉게 피는 홍안인데도
등 굽은 할미 되고

꽃잎 지면 백발 되니
늙은 할미로 한 생을 산다.

긴 털옷 온몸 감싸 안고
다섯 장 깃꼴겹잎 길게 가르며
표면은 진녹색 치장하고

긴 종형의 갈래꽃
안쪽은 자주색 곱고
노란 꽃밥 간직하며

수줍은 듯 숙인 고개
지나가는 나그네의 발길
멈춰 서게 하는구나.

부추 밭에서

가늘고 뾰족한 솔잎 모양
줄기 곧게 세우고
특이한 냄새로
여름철 남성들 입맛 돋우지만

며느리 텃밭 가득 가꾸어도
시어머니 뿌리 채 뽑아
울 밖으로 내던진다는 부추

다육질의 검은 빛 띠며
노란색 섬유 풍성하게 두르고

깔끔하게 하얀꽃 촘촘히 피워
산형화서 이루고
삭과의 심장형 열매 맺으며

심각한 고부姑婦 갈등 풀고
오롯이 여름 남정네

풋풋한 생기 힘껏 돋우라 한다.

도라지 타령

산기슭 어디서나 살아가는
다년생 길경 버티고 서서

곧게 세운 줄기
후리후리한 몸매 가꾸고

녹색의 표면 뒷면은 회청색
호생의 잎
굵고 듬직한 뿌리 내리고

종 모양 화관
다섯 갈래 꽃 받침 5개 수술대
5실의 자방 갖추고

숲 그늘 헤치고 앉아
높푸른 하늘 우러러 보며
새하얀 꽃, 보랏빛 꽃 피운다.

사상자 꽃을 보며

공한지 어디서나 적응하며
날쌍하게 살아가는 월년초 사상자

뾰족한 깃꼴 작은 겹잎 달고
잎자루 밑동 원줄기 감싸며

가지나 줄기 끝에 하얀꽃 곱게 피워
아름다운 향기 선사한다.

선행의 작은 총포
10여개 분과의 열매 맺고

어린 이파리 식용으로 이용되고
소염제로 열매 제공하지만

밀생의 짧은 가시털
다른 물체에 잘 달라붙어
파렴치한 지키는 존재로 산다.

양지꽃 연가

양지바른 산비탈 자리 잡고
웃음 열어가는 다년초

부드럽게 총상의 근생엽
긴 잎자루 세워
깃꼴 겹잎 털옷 감싸 입고

톱니처럼
날카로운 것 같지만
타원형 이파리 부드럽고

너도 양지꽃 나도 양지꽃
3장 겹잎 세 자매 이루고

5수성 노랑꽃 곱게 피워
생명의 봄 활짝 열어간다.

물구지 피는 언덕

산비탈 논밭둑 어디에서나
번성하며
살아가는 다년초 무릇꽃

여러 장 이파리
밑동에서 길게 자라나고
꽃대 곧게 세워
총상화서의 진분홍 꽃 피우고

기둥모양 짧은 암술대
타원형 자방
겸손하고 조용하며
우아한 여인상 닮은 듯 싶다.

연초록 떡갈잎

겨우내 찌들고 얼어붙어
움츠렸던 육신 녹이며
고뇌의 혼 흔들어 깨우고

살포시 내린 단비
얼비치는 잠깐의 햇살
감개무량함으로 끌어안고

동토의 한 삭히면서
하늘하늘 연초록 환한 웃음
봄의 생기 열어가고 있다.

창포꽃 사랑

다년생 들꽃
습지 골라 자리매김하고
1m 가량 후리후리한 키
창모양의 잎
두 줄로 높게 늘이고 서서

소담스런 자홍색 꽃
바깥 화피의 노란줄기
빛깔 아름답고
세 갈래의 암술대
존재 의미 선명하구나.

싸리꽃 연가

3장의 작은 겹잎
둥글고 선한 수줍은 얼굴
새벽이슬로 깨끗이 씻고

날씽하게 가꾼 몸매
강한 의지로 살아가는 낙엽관목

총상화서로 잎겨드랑이마다
홍자색 꽃 망울망울 피우고

무더운 칠팔월
꿀벌 불러모아 사랑 속삭이며

가느다란 줄기
가난뱅이 목구멍 풀칠 위해
수세공手細工 재료로 제공한다.

*싸리나무: 꽃싸리, 물싸리, 흑싸리, 조록싸리, 괭이싸리, 개싸리, 등 다양함.

선인초仙人草

낙엽넝쿨식물 으아리꽃
한적한 산기슭
들마루 앉아 굳게 살아간다.

대여섯 장 작은 잎 모여
깃꼴 겹잎 이루고

이파리 밋밋한 것 같아도
넝쿨손처럼 예쁘다.

잎겨드랑이며 줄기 끝마다
원추화서로 꽃 피우고

동양화 속 신선인 양
수과의 하얀 열매 맺으며

부조리한 인간의 삶
반성의 기회 엿보게 한다.

금란초 한 그루

남녘에서 자생하는 다년초
긴 타원형 10여장 잎 달고
밑동은 줄기 감싸 안았다.

노랑꽃송이 수줍은 듯
반쯤 열어 총상화서 이루고

꽃받침보다 짧은 겹꽃잎
삼각형으로 암술대 감싸며

긴 꽃자루 주머니
허리춤에 매달고
타원형 화분괴 간직하였구나.

묶음 셋

꿈을 조리하며 산다

바닷가를 거닐며

다가왔다 떠나버린 물빛처럼
잔잔한 그대 목소리
따스한 숨결 가슴에 내려앉는다.

강 언저리 가득
내리는 안개처럼
밀물 썰물 무수히 오가는데

수평선 너머 저 멀리서
갈매기 날갯짓 따라
해면 가득 일렁이는 노을자락

붉게 번지는 선혈처럼
순환의 법칙 안고
어느 새 서산에 기대 눕는다.

마지막 미소

귀의歸依 예감한 듯 마지막 미소
허무의 세월
가지 끝에 걸어 놓고
곱고 아름다운 빛 장착한 잎새
느슨해진 갈바람 안고

촉촉이 내리는 가을비
영혼 거두어 말끔히 씻어 내리며
한 잎 한 잎
밑거름 되고자 부푼 가슴

군무群舞하듯 펼치는 공중 묘기
무수히 쏟아 내릴 영혼들
스산한 늦가을 해거름 딛고
서서히 강하降下 시도하고 있다.

한여름 밤의 사색

풋풋한 모깃불 풀냄새로
그리움 채워보는 한여름 깊은 밤

길섶 가득 풀벌레 노래
옛 추억 한 자락 피어오르고

보름달 부옇게 내비치는 초가지붕
박 넝쿨 사이
소리없이 피어나는 하얀 미소

달빛, 꽃빛, 노랫가락 화합의 하모니
한밤의 적막 깨우고
하나 되어 어우러진다.

은행잎 지는데

하늘 향해 치솟아 오른 은행나무
무성하고 풋풋하던 잎 새
노오란 융단처럼
길바닥 깔고 누워 즐거운 늦가을

가지마다 주렁주렁
매달았던 은행
정착 위해 알알이 다이빙하는 한낮
사랑은 벌써 영글어 가고 있었다.

푸념 한 마디

때 없이 찾아오는 불청객
안개 한 자락 깔고 누워
뒤척이는 한 줄기 그리움인가

바닷가 바위 틈새
피어오르는 눈부신 겹동백
바알간 화심처럼
뒤늦은 깨달음인데

연유도 모른 채
하염없이 뉘우쳐보려 하지만
무심한 것은 변화의 시공뿐

부서져 내리는 포말처럼
외로운 한 조각
빛 고운 달빛 안고

망망대해 출렁이다

제 몸살 앓아누워
한 점 바위섬으로 서 있다.

생명의 신호등 · 2

수 많은 만남과 헤어짐
기다림에 지친 나날들인데
잠깐의 시간
멈춰 서지 못하겠는가.

반복되는 일상
성급히 건넌다 해서
묘수妙手 찾아 오겠는가.

수없이 걸어야할 남은 여정
잠시 기다리자
울고 웃는 생명의 신호등

새벽별을 보며

별밭 이랑 가득 반짝이는 밤하늘
창문 틈새 비집고
동트는 새벽도 서럽지 않다.

얼룩으로 번진 자국
거울 속 얼비치는 눈물 닦으며

아침 햇살 맞아들여
기쁨의 시간 장착하고

억만년 해묵은 설움 지우며
무너져 내릴 저녁놀 위로한다.

꿈을 조리하며 산다

담장 기대선 넝쿨장미
바알간 화심
담아낼 향기 있어
쉼없이 수액 퍼 올리고

앞산 기슭 덤불 사이
굴뚝새 한 쌍
서로 깃털 고르며
굳은 의지로 번창의 길 열고

철부지 어린 새싹
팔십 노령
미지의 꿈 안고
미래 향해 삶을 조리한다.

한 점 섬이 되어

요동치는 풍랑 따라
금새 지워질 듯
되살아 나는 외로운 존재

할퀴고 찢기고 침식당하고
숱한 나날
한을 삭히며 살아 왔어도

태초의 빛 잃지 않고
의연한 자태로 우뚝 선
한 점 섬이고 싶다.

그림자 밟고 서서

쫓아도 달아나지 않고
그려도 그려지지 않는 그림자

멀리 혹은 가까이 지평선 달리며
열망해 보는 그리움 하나

숫한 기억 더듬으며
이슬 한 방울로도
성장하는 저 푸르른 세계처럼

조용히 밟고 지나간 흔적들
애태워 뒤척이며
잠 못 이루는 백야인데

요동치는 맥박의 너울자락
감동의 이 순간에도
모순된 삶의 그림자 밟고 서 있다.

가을 서정

찬란하고 거룩한 삶 마감하고
돌아갈 때를 앎으로
서러움 한 움큼 퍼 올려
애증의 세월 삭히며
곱게 차려입은 붉노란 이파리들
온 산야 고운 풍경화 그리고

찬이슬 머금은 잎새
쏟아내는 한낮 가을 햇살에도
한없는 기쁨으로 승화하고
뿔뿔이 흩어질 이별 예감한 듯
한줄기 바람 안고
곱게 투영하는 그리움

영정사진 찍어 놓고

아직은 퇴색되지 않은 저녁노을
어설픈 한복차림
닮은 꼴 그려낸 사진 한 장

동공 크게 열어 초점 맞추고
보고 지우고
다시 보는 애처로움

희미하게 얼비치는 사색 끌어안고
초록으로 덧칠해 보지만
액자 속 그리움인 것을

숲길을 걸으며

하고 싶은 말 참아내는 것은 침묵이다.
묵음 아닌 묵언이다.

함부로 꺼내 보이지 않은 내심
농축된 진액처럼
한데 어우러져 굳어진 사념이다.

터질 듯 어우러지고
다시 피워내는 활착의 언저리
몸부림치는 꽃봉우리처럼

그윽한 향기며, 애틋한 눈물이고
몸을 태워
녹아내리는 진한 사랑이다.

말이 적음은 뜻이 깊기 때문인 줄을

갈꽃의 노래

산등선 가득 촘촘히 늘어선
억새꽃 시샘해도
하늘거리는 순수의 숨결

강기슭 시냇가 나란히 앉아
갈바람 추임새로
몸 흔들어 길손 반겨주고

부드러운 선율 안고
쓰러질 듯 일어서서
올곧은 몸으로 한 생 살아가며

사나운 비바람 휘갈겨도
바스락바스락
즐거운 노래로 속삭인다.

인생 열전

강물처럼 굽이쳐 흐르는 여정
이승과 저승 사이
교감의 문 드나들며
한 평생 고리 이어간다.

사계절 푸르고
날씽해도 텅 비운 대나무 속처럼
차갑고 메마른 현실 채우고

채운 이상 비울 줄 아는 희열
진지한 영혼의 마지막
결 고운 한 마디

헌신 봉사 사랑
진실 되새기며
살아가는 인생이었으면 어떠랴.

■ 묶음 넷 ■

못 잊을 그리움

외로운 섬 하나

갈매기떼 파닥이며
바다 향한 그리움 안고
활기차게 꿈자락 펼치고

귀항 서두르는 고단한 선박
눈부신 햇살 안고
해면 가득 출렁이는 해질녘

아물아물 깨알처럼
수평선 멀리 작은 섬 하나
외로움에도 흔들리지 않고 서 있다.

결 고운 바람이

스쳐지나가는 결 고운 바람
연초록 앳된
잎새에게 건네는 귀띔 한 마디

오늘 밤엔 촉촉한 임의 입김
따스한 손길 안고
꽃눈 틔워야 한다.

영혼 깨워줄 처방 안고
달리는 고운 숨결
한 줄기 생명의 봄바람

넘나드는 봄의 생기
온 대지 가득 담아
피워내는 영산홍 송이송이

달아 오른 얼굴

찬바람 불 때마다
아슬아슬 긴 한숨 재우며
버티고 거꾸로 매달려

말랑말랑 얼비치는 고운 살결
발갛게 달아 오르고

두근거리는 가슴
짧은 여정 안고
사랑을 구가하고 있었다.

그리움 · 5

한 세월 한 자리 있다 해서
나누고 싶은 사연 없다 하더냐.

내 안의 삶 내어 주었다고
더 채우고 싶은 욕망 없다더냐.

함께 있어도 커가는 아쉬움
속절없는 하소연 같은 여망 접고

눈 내리고 바람 불고 비 내리고
수만리 고행길 이겨내며

햇살 쨍쨍 내려 쏟아도
모자람 채워가는 한 줄기 미소

그리움 하나로 타는 가슴 적신다.

겨울 꽃이 핀다

태초에도 하얀 겨울 꽃
허공중 날며
자유롭게 춤추고 있었다.

쏟아 내리는 너울자락
소록소록
은세계 창조하고

숨 쉬는 온갖 사물
힘찬 도약의 꿈 부푸는 교차점

가슴마다 미래의 눈빛
가득 담고
새 삶을 준비하고 있었다.

호박꽃 연가 · 1

좁다란 골목길 울타리 따라
거미줄처럼 뒤얽히고

밭둑 잡초사이 어울려 누워
실팍한 줄기 뻗고
살아가는 끈질긴 생명력

마디마디 탐스러운 노랑꽃
암수 곱게 피우고

다소곳이 미래 꿈 펼쳐가며
다정스레
활짝 웃고 있었다.

호박꽃 연가 · 2

왱왱거리는 호박꽃 왕벌
깃 치는 소리 왕성하고

탐스러운 꽃방 들어앉아
꽃 수염 간질이며
꿀샘 후벼 파고 있다.

넝쿨 채 굴러 들어오면
복덩어리 온다며 반기는 지혜

텁텁한 향기만큼
주렁주렁 매달린 주머니
마디마디 복스럽구나.

못 잊을 그리움

울창한 송림사이
비 개인 작은 호숫가
오색 무지개 피었다 지고

불볕더위 이고 허리끈 졸라매어
허기 채우시던 어머님
그 모습 떠올려 봅니다.

젖은 풀잎
추적추적 노래 부르고
뭇 새들 귀솟길 분주할 무렵

청솔가지 불 지피시며
매운 눈물 흘리시던
그 모습 그리워집니다.

열리지 않는 그리움
눈물로는 녹여 낼 수 없음에

불면의 밤은 더욱 깊어가고

인자하신 가르치심
무수히 뒤얽혀
이 한 밤 창가 맴돌아 흐릅니다.

기다림 · 5

두둥실 떠나버린 꽃구름
한 줄기
그리움 되어 피어오르고

두꺼운 한 겨울 햇살
시나브로 풀려
삶을 공유하는 정오

봄맞이 나선 한 송이
영춘화 꽃빛 사이
다가서는 만남의 열망

꽃씨 안고 달려온 바람처럼
환희의 눈빛
반짝이고 있다.

기다림 · 6

기다림은 침묵 속의 아름다움인가

은밀한 빛깔로 열어가는 향훈처럼
한 가닥 펼쳐 놓고
깊이 파고드는 하나의 정분

머지않아 다가올 것 같은 기대
혼돈된 자아의식
묵묵히 희망의 빛 열어가고

평생토록 반복되는 열망
징검다리 건너고 교차로 지나서
끝없이 달리는 그리움

잡힐 듯 말 듯 고달픈 순간들
만남의 기쁨
간절한 소망 안고 피어나는 것을

고독을 으깨며

투덜대다가 웃고
즐거운 듯 떠나가 버린
허허로운 별 그림자 안고

텅 빈 하늘가
맴도는 갈매기처럼
외롭고 쓸쓸한 기억 재우며

미래 희망 안고
떠도는 사랑의 메아리 되어

생성의 날개 펼치며
꿈 자락
열어갈 고독 한 움큼

길 따라 사랑을 엮다

한적한 산기슭 공원
줄지어 선
소나무 숲 사잇길 따라

희멀건 그믐달
반짝이는 별빛 한아름 안고
뒤척이는 깊은 밤

풀섶 울려놓고
떠나가 버린 애꿎은 바람결
스산하다 해도

한 줄기 진한 그리움
사색 안고 깊은 정 가꾸며
사랑을 엮어간다.

넋두리 한 마디

괴로움 안고 떠나가는 사람아
비는 내리는데
사락사락 진눈깨비 내리는데

떠나가지 못한 한 마리
겨울 철새처럼
한 자락 햇살 깔고 누워
쏟아내는 넋두리

깊게 흐르는 강물 되어
홍건히 젖어오는 푸념 한아름
슬픔없는 가엾은 눈물이여

묶음 다섯

수직으로 떠나 가련다

가로등 하나

뱁새 한 마리마저도 잠든
깊은 밤
인적 끊긴 오솔길
바람만이 나풀거리는데

눈비 막아줄 의지함 없이
삼경의 적막 깨고
어둠 밝히는 가로등 하나

맨몸으로 쓸쓸히 서서
외로움만 먹고 사는가
수호천사인 양 아무 말 없이

수직으로 떠나 가련다

어느 날 어느 때건
씨줄과 날줄 사이 비집고 앉아

제 몸 안고 뒤척이는 파도처럼
어둠 덮인 협곡 건너고
긴긴 여로 향해

올곧은 가슴 쓸어내리고
끝없는 사막 가로지르는 돌풍
잠재우며

잔잔한 호수
내비치는 햇살 안고
기쁨으로 가꾸어온 다섯 그루

분주한 나날이었지만
두꺼운 장벽 무너뜨리고
수평으로 살다 수직으로 떠나 가련다.

사행심 조장

우리 사는 사회 게임천국인가
도박판 왕국인가
한국의 본래 모습 근면 성실의 나라

바다이야기 접어 두고라도
PC방, 폰팅방, 노래바, 성인휴게실
앞서거니 뒤서거니

팽팽히 맞서
저마다 외치는 기만의 만물상
내던진 양심의 소리

골목길 가득 메운 플래카드
반짝이는 네온사인, 유혹의 광고물
제멋대로 출렁거리는 도심

작은 사행심 하나로도
사회 일각에선 병들고 썩어가고

어리석은 시민만 흐느적거린다.

구토질

지그시 눈 감고, 귀 막고
차라리 모른 채
사는 게 좋았을 것을

빙산 일각이기를 바라지만
마주하는 순간마다
속이 매스꺼워진다.

정도 넘어선 호화 PC방
노래바 대화방 게임랜드
먹고 마시고 탕진하고

은밀한 유혹의 채팅
패가망신, 명분 없는 죽음
온 세상 멀미로 가득 차 있다.

뜨거운 신열의 혼불처럼
치미는 열꽃

구토질이 저절로 난다.

동전 한 닢

북적거리는 서울지하철 환승역
기대앉은 남녀노소
끄덕끄덕 피로 풀며 달린다.

백발 노파
바구니 채우려는 희망 한 가닥
구구절절 심금 울려도

얼어붙은 비탄의 겨울처럼
밀리는 인파속 찬바람이 분다.

온정의 오백 원
동전 한 닢
메마른 대지 빛을 안고 도는데

성급하지 말자

한 발자국 여유로움도 없이
빠름만 재촉하는 성급함

섬광처럼
눈앞 번쩍이는 속도감에
빠져들기 일쑤고

연속되는 긴장감에
쾌감 느끼며 좋아하지만

서두름은 낭패 부를 수도
파행일 수도
무위일 수도 있는 것인 줄을

세태 풍경 · 1

귀보다 훨씬 큰 귀고리
이채롭고
아름다울 수 있어도

예쁘장한 40대 애기엄마
구겨진 배꼽
깜박 깜박 깜박거리며

찌푸린 눈살
출렁이는 물결 따라
씰룩거린다.

경이로운 천사 아니어도
개성의 배꼽티
열띤 시선의 세례 받는다

세태 풍경 · 2

나서면 마주치는 정황들

백인백색, 만인만색
눈 감아야할지 떠야할지

가엾은 것은 눈망울뿐

세월 따라

거부할 수 없는 순환의 질서
변화하는 건 시공이 아니고
인생여정이었나 봅니다.

옷깃 스며드는 소슬바람
영혼 부르는 휘파람소리처럼
속삭임으로 다가서고

하늘가 흐르는 설레는 꽃구름
거부의 몸짓 안고
한 세월만 깨물고 갑니다.

허무를 딛고 서서

떨어져 휘날리다
한 줌 흙으로 돌아갈 낙엽처럼
나만이 채우려는 영욕
비울 줄 알아야 하는 것을

거친 황야 내닫다 바위벽 부딪고
헐떡이며 쓰러져 눕는 바람처럼
언젠가는 흩어지고 마는 것을

산과 바다
숲과 새, 풍요의 숨결 함께 나누며
떠돌다 해체될 구름처럼
하얀 웃음 안고 무위로 가는 것을

세상의 희귀한 사물만 값진 것이랴
하찮은 미물 하나까지도
아끼고 사랑하며
누린 이상 갚고 떠나야 할 것을

중심 잃은 겨울

겨울의 끝자락 잡고 매달려
흐느끼는 육화六花 송이
허기진 얼음장 딛고 서서
초연한 너울거림으로 춤사위 접으며

문틈 사이 넘나드는 바람 한 자락
시린 추억 띄워 날리고
깊은 정 열어
기나긴 밤 꿰매어 가는데

떨어져 눕는 낙엽처럼
영문도 모른 채
눈물 질퍽이며
힘없이 무너져 내리는 겨울의 잔영

*육화六花 : 눈(雪)송이를 말함.

배꼽티 문화라니

2층 3층 내비친 속옷자락
걸쳐 입은
마네킹 같은 차림새

찌들대로 찌든 해묵은 뱃살
틈새 비집고 매달려
울고 웃고 가늠되지 않아도

제멋 겨운 배꼽티 문화
궂은 날 지팡이 날뛰며
노닐다 간 자국처럼

우글쭈글 옴폭 패인
애꿎은 구멍새
싸늘한 눈살에 등이 시리다.

약속

약손은 신뢰의 바탕이고
척도며 계약의 하나로서
인격을 좌우한다.
그것은 실천이 전제되며
삶의 아름다움이고
생명의 유지선이다.

홍도를 가다

서울 부산 광주 목포
멀고 먼 뱃길 휘저어 달려온
청자빛 바람아

거센 파도타기처럼
금세 지워질 듯 되 솟은 한 점

흑산도 지나 당도한 작은 섬
이름만큼 아름답고

꿈틀거리는 위용의 파도
고운 심성
후한 인심으로 마음 채우고

외강내유의 의연한 자태로 서서
홍도는 활짝 웃고 있었다.

묶음 여섯

한라산을 오르며

백운산 계곡에서

휴전선 철책선 가까운 지점
꼿꼿이 선 백운산
북녘 땅 굽어보는 늠름한 눈빛
아름답고

한 여름 따가운 햇살 안고
계곡 가득 시원한 물빛
속내 드러내고 도란도란 속삭이며

찌든 삶 씻어 내리고
사랑의 시선 흔들어 깨우며
뜨거운 하루를 식히고 있다.

무등산 계류溪流 보며

쉴사이 없이 도란도란
부푼 꿈 안고
맴돌아 흐르는 계류

때로는 탁류에 휩쓸려
소용돌이치듯
격렬한 물줄기 이루지만

청자빛 무늬처럼
유유히 맑은 담소 이루어
그리움으로 출렁이다가

서로의 몸 뒤섞어
엎치락뒤치락
협곡 가로질러 내달리며

오대양 육대주 향해
심호흡 고르고 있었다.

설악산 신흥사에서

까마득한 태초의 숨결처럼
물소리, 새소리, 바람소리
계곡 가득 천년을 노래하고

풍경소리, 목탁소리, 독경소리
한 밤의 적막 깨고
가슴 깊이 스민다.

억겁 지켜온 육중한 바위
기쁨, 슬픔, 노여움
침묵 안고 서서 삶을 깨우고

스님들 열반의 문 열어
어리석은 중생의 눈빛
타오르는 향내로 밝히고 있다.

회문산에서의 감회

굽이굽이 돌고 돌아
찾아간 회문산
투구봉 원통산 마주 보며
핏빛으로 물든 그날의 얼룩

빨치산 최후의 발악지
이어지는 등곡마다
흩어진 원혼의 두개골
사대삭신 흩어져 울고

널브러진 바윗돌
총탄 자국 즐비한데

섬진강 흘러내리는
맑은 물줄기
이념의 흔적 씻어 내리고 있었다.

내장산 가을 산행

사계절 색다른 얼굴
새롭게 열리는 천하일품
출렁이는 붉은 물결

산책로 따라 대웅전 들어서면
처마 밑 부용 단청 사이
자비의 눈빛 곱고

오랜동안 마모된 세월
흔적 밟아 으깨며
서래봉 바위 난간 기어 오르면

울긋불긋 축제 한 마당
자아도 잊은 채
어리둥절 속세 벗어난 듯 싶다.

칠갑산을 오르며

높지 않아도 산세 웅장하고
가파른 해발 560.6m의 칠갑산

울창한 숲길 따라
굽이굽이 한티고개 옛길 넘고

정상에 오르면 멀리 서해 보이고
정곡사 계곡 흐르는 물줄기
지천 대천 이루고

충남 지방의 알프스 자칭하며
무성한 왕벚꽃
춘산을 아름답게 수 놓았구나.

속리산 겨울 산행

주봉인 해발 1,057.7m의 천황봉
입석대, 문장대, 신선대, 관음봉
기암 괴봉 서로 팔을 낀 듯
둘러서서 법주사 감싸 안고

수 많은 고적, 값진 유물
정이품 소나무
역사적 볼거리 풍부히 제공하고

봄 산벚꽃, 여름 송림
가을 단풍 겨울 설경
철따라 새로운 매력 느끼게 하며

정감록 비결에 10대 순지중 하나로
소개되었다는 속리산
멀리 구봉산 설경 내려다보며 서 있다.

월출산 등반길 · 1

영암의 넓은 평야 한 가운데
돌출한 단단한 작은 체구
해발 808.7m의 월출산 천황봉

병풍처럼
오뚝 솟은 거대하고 육중한 암산
수석 전시장 방불케 하고

암벽 타듯 기어오르는 등산로
120m의 높이
52m 길이의 구름다리 건너며
아찔하고 스릴있는 추억 간직하고

4계절 색다른 모습으로 늠름하고
보는 각도, 위치 따라
다양하고 독특한 경관
연출하는 천하 비경을 본다.

월출산 등반길 · 2

기암괴석으로 형성되고
웅장한 산세만큼 유명한 월출산

정기 모아
백제의 왕인박사
신라의 도선국사 탄생 시켰는가

도갑사, 천황사, 무위사
마애여래좌상, 금릉경포대

산등성, 골짜기마다
많은 유물
역사의 흔적 가득 간직하였구나.

한라산을 오르며

꼭두새벽 관음사 관리소 뒤로하며
희미한 손전등 하나 의지하고
오손 도손 시작한 새벽 산행

능하오름 지나고 개미등 거쳐
개미목 근처 당도하니
온 산이 은백색으로 뒤덮혀 있었다.

유리판처럼 반들거리고
미끄러운 바윗돌 빙판길

조심조심 다섯 시간 넘어서야
1,950.1m의 한라산 정상 오르니
설국의 장관 이를 데 없었다.

백록담 한 번 못보고 죽을 거라던 아내
매서운 칼바람도 아랑곳없이
돌아서기 아쉬워하는 눈망울 보며

바위틈 의지하고 눈밭에 앉아
준비해 간 찰밥 한 덩이 김치 한 가닥
마파람에 게눈 감추 듯
도시락은 어느 새 비워 있었다.

고행 길 딛고 넘으면 미래의 희망
열려 옴을 새삼 실감하며
우리 깨닫게 하는 계기 되었다.

태백산을 오르다 · 1

백두산 묘향산 구월산 마니산과 함께
민족의 5대 명산 중 하나로 받들어지는
해발 1,566.7m의 태백산

환인의 아들 환웅
3천여 명의 무리 거느리고
신단수 아래 내려와서
신시를 이루었다는 단군신화의 발상지

매년 개천절 '천제' 봉행하는 천제단
검은 수성암으로 쌓아 올려져 있고
중앙에 '한배검' 이라 새겨진 입석 놓여 있다.

어떠한 가뭄이나 장마에도
수량의 변화 없다는 용정수
부정한 사람이 사용하면 탁수 된다하며
'천제' 때에만 사용한다 하니

태백산을 오르다 · 2

백두대간의 중심이며 모산母山인 태백산
토속신앙
열두 영산중 하나로 자리 매김하고

정상 가까이에 오르면
고산식물 주목군락 즐비하게 자생하고

늦은 봄 산철쭉 진달래 만개하고
여름이면 울창한 수림
맑은 물 시원스레 흐르고

가을에는 단풍 겨울에는 설경
절정 이루어
아름다움에 감탄사 연발하게 한다.

오대산을 찾아서

오대산 기슭에 자리잡은 상원사
한국 4대 적멸보궁 중의 하나

주봉인 해발 1, 563.4m의 비로봉
수려한 산세 버티고 서서

거대한 육산 자랑해도
어머니 품속처럼 다정하고

오대천 계곡의 월정사 금강연
오대산 사고지
숱한 문화유산 간직하며

신비로운 자연, 숨은 비경
서서히 드러내 보이고 있었다.

마곡사를 찾아서

태화산 남쪽 기슭
웅장하게 자리잡은 마곡사
백제 의자왕 때 자장율사 세운
충남지방의 대표적 고찰

경내 한 가운데 계곡물 흐르고
입구에 세워진 해탈문 천왕문 지나고
개울 건너면 5층 석탑
대광보전, 대웅보전 이어져 있어

신도들에게 경건한 마음
깊은 불심 우러나오게 한다 하고

태극형 산세 이룬 명당 터
전란 피할 곳으로 알려져 있고
「춘 마곡, 추 갑사」라 전해지며

대웅전 싸리나무 기둥안고 돌면

극락세계 가까이
갈 수 있다는 전설 풍성하다.

서대산에 올라

충남의 최고봉 자랑하는 서대산
금산과 옥천 경계 이루고
원추형 암반 웅장한 산세
온후한 듯 해도 경계 빼어나다.

정상 가까이 자리한 직녀탄금대
영수샘물 일곱 번 마시면 미녀 되고
혼인길 열리며
첫 아들 낳는다는 전설

협곡 가로지른 구름다리 건너면
신선바위 벼슬바위
기암절벽 장관 이루고

능선 주변의 장면대, 북두칠성바위
사자굴, 쌀바위
수려한 자연경관 기다리고

개덕사 뒤쪽 협곡 단애 타고
떨어지는 15m의 개덕폭포
아름다운 자태 자랑하고 있었다.

강천산 3인대에서

해발 583.7m의 나지막한 강천산
아담하면서도 기암산봉 이루고
울창한 수림 10여km에 걸쳐
맑고 잔잔하게 흐르는 계곡
산 중턱까지 절경 이어지고

계곡 가로질러 설치해 놓은 현수교
76m의 길이 50m의 높이
거대한 위용 자랑하고

진성여왕 때
도선국사 창건했다는 강천사
1천여 년 넘는 역사의 고찰
임진왜란 때
소실되었으나 복원 되었다 하고

조선 중종반정 공신
박종원의 횡포와 중종의 폐위

신씨의 복위 고하려고
상소문 쓰기 위해 담양목사
순창군수, 무안현감 세 사람

허리에 차고 온 직인 끈 풀어
소나무에 걸어 놓았었다 해서
이름 붙여졌다는 3인대
역사의 흔적
분명하게 전해 오고 있었다.

북한산 겨울 산행

깊은 계곡 딛고
산 정상 향해 내닫는 눈바람
산 그림자 안고
만개한 눈꽃 송이송이

새롭게 단장한 은백의 세계
판화처럼
누비며 찍어내는 발자국

가파른 바위난간 기어올라
정상에 서면
다람쥐 놀란 눈빛 곱고

힘겹고 둔한 발걸음도 잠시
바람이 담아 나르는 겨울 노래
한껏 안고 미래를 충전한다.

| 작품해설 |

'사물시事物詩' 에 나타난 생태의식과 역사의식의 조화

- 심의표 제5 시집 『모람을 보며』를 읽고

송 용 구 | 시인, 문학평론가, 고려대 문과대 연구교수

| 작품해설 |

'사물시事物詩'에 나타난 생태의식과 역사의식의 조화

- 심의표 제5 시집 『모람을 보며』를 읽고

송용구 | 시인, 문학평론가, 고려대 문과대 연구교수

1. 수채화에서 조형예술의 세계로 옮아가는 자연

심의표의 제5시집 『모람을 보며』는 그의 제4시집 『즐거운 오수』에 나타난 생태의식生態意識의 형상화 작업을 계승하고 있다. 그러나 사물들에 대해 시인의 시적 주체詩的 主體를 미시적微視的으로 축소하는 대신에 사물들의 속성을 현미경으로 들여다보듯이 거시적巨視的으로 확대하여 원근법적 묘사방식에 따라 사물을 정밀하게 조각해내는 언어의 조형성造形性이 발견된다는 점에서 이번 시집은 제4시집 『즐거운 오수』보다 한 단계 더 도약한 문학적 성취를 보여주고 있다.

시집 『즐거운 오수』에서는 대자연의 구성원으로 살아가는 인간이 풀, 꽃, 나무, 새 등과 가족처럼 어울려서 살아가는 "생태의식"을 수채화처럼 형상화하였다고 볼 수 있다. 관조하는 관찰자로서 파노라마처럼 펼쳐지는 대자연의 다채로운 생명체들을 담백한 필치로 스케치하는데 성공하였다고 평하고 싶다. 제4시집에 대한 필자의 해설이 이것을 보증해준다.

> 심의표 시인은 '풀'에 대한 독자의 해석을 더욱 넓게 열어놓았다고 볼 수 있지 않을까? 그 명백한 증거는 '풀'의 이미지가 끊임없는 변주곡을 울려주고 있다는 사실이다. 풀에서 '바람'으로, '바람'에서 '물줄기'로, '물줄기'에서 '흙'으로, '흙'에서 '바윗돌'로, '바윗돌'에서 '나비'로, '나비'에서 '백옥'으로 '풀'의 이미지는 역동적인 변주곡을 자아내고 있다. 시각, 청각, 촉각 등의 다양한 감각들이 조화를 이루는 가운데 '풀'의 모습은 다양한 생물들의 이미지를 비추어준다. '풀'은 이 생물들과 함께 생명의 연결고리로 이어져서 소우주小宇宙를 형성한다. '풀'은 다른 생물들과 더불어 생명의 자양분을 주고 받으면서 '연초록'의 네트워크를 형성하고 있는 것이다. (심의표 제4시집 『즐거운 오수』에 대한 송용구의 해설 「풀잎 사이로 열리는 문학적 사제(司祭)의 길 중에서」)

특히, 사물들[1]마다 시적 자아詩的 自我와 함께 생명의 연결고리로 이어져 있음에 주목하면서 거대한 생명의 네트워크를 초록빛 붓으로 담담하게 채색하는 단계로 승화되어가는 것이 제4시집에서 볼 수 있었던 가장 큰 특징이었다. 심의표는 만물들 사이의 상호작용을 묘사하는 것에 그치지 않고, 시적 자아詩的 自我와 사물이 정신적 관계를 맺고 있음을 보여줌으로써 매우 역동적인 생명의 네트워크를 재생하였다. 사물은 시인에게 생명의 에너지를 베풀어주고 시인은 사물에게 정신적 의미를 부여하는 건강한 소통疏通 속에서 시인의 감각에 새겨지는 다양한 인상印象들을 파스텔 톤으로 담백하게 묘사했던 것이다.

그러나 제4시집에서 다소 아쉬웠던 점은 사물의 심층부 속으로 깊게 침잠해들어가는 정신적 침투력의 밀도密度가 높지 않았다는 점이다. '풀', '꽃', '나무' 등의 속성 속으로 파고들어가서 예리한 이성理性의 메스를 꺼내들고 사물들의 속성을 한 겹, 두 겹 차례로 벗겨내어 독자에게 "풀만이 갖고 있는 고유한 속성은 바로 이런 것이로구나!"라는 깨달음을 안겨줄 수 없었다.

그러나 이번의 제5시집 『모람을 보며』에서는 필자가 해설하였던 제4시집에서 느꼈던 문제점들이 해결되는

---

1) 필자가 지칭하는 '사물'은 무생물이나 물질을 의미하는 것이 아니라 생명체와 동일한 의미를 갖는다.

것을 확인하게 되었다. 제5시집에서 심의표는 사물을 관조하는 관찰자가 아니라 사물의 내부 속으로 걸어들어가서 사물의 핏줄을 섬세하게 만져보고 있다.

질퍽한 습지, 타는 듯한 마른땅
가리지 않고
적갈색 줄기 바닥 기어가듯 길게 뻗어
하얀 실뿌리 내리고

다육질 호생의 잎 윤생하며
짧은 꽃자루
가지 끝에 아름다운 꽃송이 달았구나.

다섯 장 노란 꽃잎
두 장의 꽃받침
개과蓋果의 타원형 씨앗 맺지만

마디마디 잘라 돌무덤에 버려도
삶을 포기하지 않는 끈질긴 생명력
우리의 삶 깨워준다.

-「쇠비름 풀꽃」 전문

위의 시에서 드러나듯이 심의표는 이번 시집에서 사물의 속성에 대한 탐구는 물론이요, 사물의 고유한 생리生理, 생김새, 특징들을 해부학자처럼 밀도 있게 해부하였다. '쇠비름 풀꽃'의 '적갈색 줄기'가 '마른 땅'에

'하얀 실뿌리' 를 내리더니 '짧은 꽃자루' 위에 연등蓮燈을 켜듯이 '두 장의 꽃받침' 과 '다섯 장 노란 꽃잎' 을 환하게 밝혀드는 사물의 역동적 움직임을 미세하게 포착하고 있는 것이다.

회화에 비유하자면, 제4시집에 이르기까지 심의표의 시는 관찰자의 수채화였다. 그러나 제5시집에서는 '풀' 과 '꽃' 이 살아갈 수 있는 토양이 그대로 캔버스의 바탕이 되고 있다. 박수근의 그림에서 볼 수 있듯이 만물을 키워낼 수 있는 흙과 땅이 화폭이 된다. 이 생생한 사실적 화폭 위에서 시인의 영혼은 풀과 꽃의 바깥에서 그들과의 관계를 보여주는 데 그치지 않고 풀잎과 꽃잎 속으로 깊게 침투해들어간다. 시인은 풀잎의 엽맥葉脈을 따라 걸어가다가 풀잎의 끝에서 초록빛 이슬이 되어 맺혀 있고, 꽃잎 위에 앉아 한 자락의 향기가 되어 다시 태어난다. 시인은 스스로 '풀' 과 '꽃' 이 되어 박수근의 그림에 등장하는 '노상의 여인들' [2]처럼 흙 위에 앉아있는 것이다.

심의표의 시는 사물의 심층부 속으로 들어가서 사물과 "물아일체" 혹은 "혼연일체"를 이루어내는 단계로 한층 더 도약하였다고 볼 수 있다. 그러나, 심의표의 시적 자아는 사물의 내부 속에 침잠해있지만 그 속에 갇혀

2) 「노상의 여인들」: 박수근 화백의 대표작품 중 하나이다. '노상' 에 앉아있는 여인들의 모습을 그린 작품으로 연작(連作) 「노상」이 있다.

있는 것을 거부한다. 소실점을 향하여 회화의 화폭 속으로 빨려들어갔던 심의표의 시적 자아는 원근법을 적절히 활용하면서 사물의 바깥으로 걸어나온다. 그렇다고 해서 그가 제4시집에서처럼 관조적인 관찰자의 입장으로 되돌아가는 것은 아니다. 이미 그는 사물의 일부분 또는 사물의 근친近親이 되는 시적 정황情況을 몸으로 겪어냈기 때문에 사물의 바깥으로 걸어나와 인식의 거리距離를 확보하면서 이성理性의 현미경으로 사물의 모든 것을 들여다본다. 그 다음에 시인이 해야 할 일은 언어의 메스를 들어 마치 조각가처럼 사물의 모습을 조탁해 나가는 것이다. 제4시집에서 보여주었던 수채화 같은 시가 제5시집에서는 시의 조형예술로 도약하였음을 알 수 있다.

2. '마이크로코스모스'에서 열리는 '사물시'의 지평地坪

뿌리와 줄기 서로 끌어안고
뒤 얽혀 군생하는 1년초
두세 자 키에 모난 줄기

갈고리꼴 가시 달았어도
창 모양 삼각형
호생의 잎 청초하구나.

가지 끝에 하얀 꽃

연분홍 빛 고운 얼굴
10여 송이 둥글게 피워
두상화서 이루고

다섯 장 꽃받침
3개 암술대로 수과 열매 맺어
번창 꿈꾸며

많은 미생물
어패류 파충류 서식처 제공하고
성장발육 도모하는 값진 생명체.

-「고만이 풀꽃」 전문

'고만이 풀꽃' 속으로 들어가서 한 자락의 잎새가 되어 고만고만한 풀잎들과 어깨를 나란히 하던 심의표의 시적 자아는 '고만이 풀꽃'의 밖으로 걸어나온다. 그는 '삼각형'의 '잎'에 붙어있는 미세한 '갈고리 꼴 가시'들을 영혼의 현미경으로 확대해서 보여준다. 자신을 미시적微視的으로 축소시켜 '풀꽃'의 일부가 되었던 시인은 풀꽃의 생리와 속성을 몸으로 체득한 후에 '풀꽃'의 바깥으로 나와서 조각가 같은 감각의 "정"과 언어의 "끌"로써 '가시', '암술', '꽃받침'을 세밀하게 재생하였다. 또다른 시 「개암나무」에서 보여주는 미세한 감각적 터취는 심의표의 시가 조형성造形性을 구현하고 있음을 잘 보여준다.

산기슭 어디에서나 자리 잡고
활착하는 낙엽 관목 3종 식물

들쭉날쭉한 타원형 잎 새
밑 부분 심장형 이루고

불규칙한 가장자리
뒷면은 모직 같은 잔털 달고

암수꽃 같은 그루에서 피워도
수꽃은 전 년의 가지에 매달리고

난형의 암꽃이삭 10여개 암술대로
견과의 구형 열매 맺어
갈색으로 익어가고

잎처럼 자라난 두 개의 총포
씨앗 감싸며
고소한 맛으로 사랑 열어간다.

-「개암나무」 전문

'타원형 잎새' 와 '모직 같은 잔털' 의 옷을 입은 왜소한 사물의 몸체가 현미경에 포착된 "마이크로코스모스" 처럼 거시적巨視的으로 확대되어 사람의 크기와 같은 조각상彫刻像으로 독자 앞에 서 있다. 심의표의 제5시집에서는 이전에 드러나지 않던 '사물시事物詩' 의 면모가 확

고하게 형성된 것으로 보인다. 그의 대표시이자 제5시집의 표제작인 「모람을 보며」는 이 '사물시' 라는 장르가 심의표의 시세계로 굳어진 것을 확인할 수 있다.

4계절 활기찬 덩굴성 상록수
양지바른 남녘의 산기슭
어디에나 자리잡고 살아가지만

긴 타원형 가죽질 호생의 잎
표면의 진녹색 광택 나고

뒷면은 하얀색 간직하며
가장자리 밋밋해도
그물맥 뚜렷이 솟아 있구나

꽃은 암수 딴그루 꽃자루 없어도
멋스러운 자태로 피고

자홍색 둥근 열매 맺어
눈 덮인 한 겨울 송죽 같은 의기
굽힘 없는 선비정신으로 산다.

-「모람을 보며」 전문

'모람' 이라는 '덩굴성 상록수' 의 모양은 '긴 타원형' 이고 '잎' 은 '진녹색' 의 '가죽질' 옷을 입었다. 자신의 시적 주체詩的 主體를 축소하여 '녹색' 의 '잎' 속에 안겨

들었던 시인은 '모람' 과의 "물아일체物我一體" 에서 벗어나 '모람' 으로부터 거리距離를 취한다. 이 "거리"는 대상의 속성을 정확하게 인식하는 데 필요한 전제조건이며 대상의 생태를 정밀하게 묘사하기 위한 창작의 버팀목과 같다.

인식과 묘사를 위해 "거리"를 설정하는 것은 심의표에게 있어서 시창작의 생명선生命線과 같다. 시인이 마주보고 있는 사물 속에 감정적으로 함몰되어 있거나 자신의 시적 주체詩的 主體를 지나치게 확대하여 자신의 주관 속에 사물을 가두어놓는다면 그 사물의 모양, 속성, 생태 등을 정밀하게 묘사하기는 어려울 것이다. 이점에서 심의표는 시적 주체 속에 가두어놓았던 사물들을 자유롭게 해방하여 독립적인 존재로 격상시킨다. 시인과 사물은 동등한 수평관계를 이루면서 팽팽한 긴장감의 끈을 놓치지 않는다. 드디어, 사물의 속성을 인식하기 위한 "거리距離"가 조성되고, 사물의 "美"를 조각상彫刻像처럼 정밀하게 묘사하기 위한 균형적 거리감이 확보된 것이다.

3. 생태의식에서 역사의식으로 나아가는 '사물시'

제4시집 『즐거운 오수』에서 '심의표의 창작 에너지는

자연으로부터 받은 선물'[3]임을 알 수 있었다. 자연의 생명력이 시인의 마음 속으로 "질풍노도"[4]처럼 흘러 들어와 감정의 물결로 넘쳐나면서 창작의 에너지를 분출시킨 것이다. 이런 견지에서 볼 때, 자연은 심의표의 시창작을 가능케 하는 정신적 근원이다. 그의 시창작은 자연에 대한 외경畏敬에서부터 시작되었음을 부인할 수 없다.[5] 그러나 제5시집 『모람을 보며』에서 심의표는 자연에 대한 외경심을 표현하는 것으로 만족하지 않는다. 그는 자연과 시인의 조화로운 어울림을 표현하는 것으로도 만족하지 않는다. 이 단계는 제4시집에서 이미 문학적 성취를 거두었다고 판단되기 때문이다. 제5시집에서 그는 자연 속에 좀더 깊게 밀착하여 개별적 사물을 향해 영혼의 촉수觸手를 감각적으로 터춰하고 있다. 이 지점에서부터 그의 시창작은 도약의 전기를 확보하게 되었고 '사물시事物詩'라는 새로운 지평을 열어갈 수 있었던 것이다.

그런데, 심의표의 '사물시'는 자연의 세계로부터 점차 역사의 세계로 나아가는 노정路程의 좌표를 설정하고 있다. 제6부에서 보여주는 산(山) 연작시는 '산'이라는

---

3) 송용구, 「풀잎 사이로 열리는 문학적 사제司祭의 길」, 심의표 시집 『즐거운 오수』, 들꽃, 2006.

4) "질풍노도": 18세기말 독일의 괴테, 쉴러를 중심으로 청년작가들이 일으켰던 '자연문학'이다. 감정의 해방, 자연친화, 사회개혁, 문명비판 등을 주장하였다.

5) 송용구, 「풀잎 사이로 열리는 문학적 사제司祭의 길」, 같은 책 참조.

자연의 공간 속에 인간의 역사가 보존되어 있음을 보여 주고 있다.

> 능하오름 지나고 개미등 거쳐
> 개미목 근처 당도하니
> 온 산이 은백색으로 뒤덮여 있었다.
>
> 유리판처럼 반들거리고
> 미끄러운 바윗돌 빙판길
>
> 조심조심 다섯 시간 넘어서야
> 1950.1m의 한라산 정상 오르니
> 설국의 장관 이를 데 없었다.
>
> -「한라산을 오르며」 중에서

> 환인의 아들 환웅
> 3천여 명의 무리 거느리고
> 신단수 아래 내려와서
> 신시를 이루었다는 단군신화의 발상지
>
> 매년 개천절 '천제' 봉행하는 천제단
> 검은 수성암으로 쌓아 올려져 있고
> 중앙에 '한배검'이라 새겨진 입석 놓여 있다.
>
> 어떠한 가뭄이나 장마에도
> 수량의 변화 없다는 용정수
> 부정한 사람이 사용하면 탁수 된다하며
> '천제' 때에만 사용한다 하니

-「태백산을 오르다 · 1」 중에서

정기 모아
백제의 왕인박사
신라의 도선국사 탄생 시켰고

도갑사, 천황사, 무위사
마애여래좌상, 금릉경포대

산등성 골짜기마다
많은 유물
역사의 흔적 가득 간직하였다.

-「월출산 등반길 · 2」 중에서

심의표가 노래하는 '산' 은 인간과 자연이 생명의 교감을 주고 받는 "자연친화" 의 세계이다. '산' 은 모든 생명체들이 공생共生하는 "생명공동체" 이기도 하다. 따라서 그의 시 「한라산을 오르며」에서 드러나듯이 '산' 은 대자연의 만물과 소통疏通을 이루고 있는 심의표의 "생태의식" 을 대변해준다. 그러나 심의표의 시에서 '산' 은 시인의 "생태의식" 만이 아니라 그의 "역사의식" 까지도 포용하는 드넓은 품을 열어주고 있다. 「태백산을 오르다 · 1」과 「월출산 등반길 · 2」에서 보았듯이 '산' 은 생태의식과 역사의식이 절묘하게 조화를 이루는 공간으로

서 심의표의 시를 점령하고 있다. 심의표가 노래해왔던 자연은 '신화' 를 낳는 원천이요, 민족의 '역사' 를 키워온 모태였다. 이 사실을 반만년 동안 직접 목격해왔고 또한 지금도 증명해주는 초록빛 증인이 바로 '산' 인 것이다.

자연 속에서 살아 숨쉬는 '풀' , '꽃' , '나무' 등 다양한 사물들을 인간의 몸과 대동소이한 존재로 확대하여 이들을 정밀하게 묘사함으로써 '사물시事物詩' 의 새 지평을 열었던 심의표 시인! 그가 이성의 현미경으로 포착한 사물들은 '산' 이라는 대자연의 품 속에서 인간과 함께 만나 '생명공동체' 를 이루었다. 그 사물들은 '산' 의 가슴에 기록된 민족의 '신화' 와 인간의 '역사' 를 시인과 함께 증언하는 서정적 증인들이 되었다. 심의표의 '사물시' 에 나타난 "생태의식" 은 '산' 의 핏줄과 연결되어 "역사의식" 으로 승화되는 길을 걸어가고 있다. 자연, 사회, 역사를 포괄적으로 끌어안는 통합적인 문학의 탄생을 다음 시집에서 기대해도 좋을 것이다.

심 의 표 시인 · 수필가

76년 숲문학동인 문단활동 시작
한맥문학 신인상 문단데뷔
한국문인협회 회원
국제펜클럽 한국본부 회원
한국시인협회 회원
한국 세계작가회 회원
풍물시 동인회 회원
창작21작가회 회원
서울 詩 낭송클럽 운영위원장
구로문협 회원, 금천문협 부회장

시집
『섬은 바다에 누워』
『미완성 풍경화』
『누리장나무는 누리다』
『즐거운 오수』
『모람을 보며』
공저 『별들은 밤하늘에』 외 다수

e-mail: ep0304@hanmail.net
H.P: 011-9944-4961

인지
생략

들꽃시선 85

모람을 보며

2007년 2월 5일 초판인쇄
2007년 2월 10일 초판펴냄

지은이/심의표

펴낸이/문창길

펴낸곳/도서출판 들꽃
주 소/100-273 서울 중구 필동3가 28-1 서울캐피탈빌딩 B202호
전 화/(02)2267-6833, 2273-1506
팩 스/(02)2268-7067
출판등록/제5-313호(1992. 5. 15)
E-mail:dlkot108@hanmail.net

값/7,000원
* 파본된 책은 바꾸어 드립니다.

ISBN 978-89-89607-99-X 04810
ISBN 89-951327-0-1(세트)